CATALOGUE
DE LIVRES
ANCIENS & MODERNES

Provenant de M. de F.....

Dont la vente aura lieu le **LUNDI 28 NOVEMBRE 1887**

Rue des Bons-Enfants, 28, Salle n° 1

A 8 heures précises du soir

Par le ministère de Me G. BOULLAND, Commissaire-Priseur
RUE DES PETITS-CHAMPS, 26

Assisté de M. HÉNAUX, Libraire, 19, quai Voltaire

Journal la Silhouette. — Audsley, céramique japonaise, in-folio. — Éditions Jouaust, avec eaux-fortes. — Éditions Mame, sur papier de Hollande. — De Goncourt, l'art au XVIIIe siècle. — Anciens catalogues de tableaux et objets d'art. — Molière, figures de Leloir. — Thiers, Révolution française, édition originale avec envoi autographe. — Bulletin du Tribunal Révolutionnaire, in-4. — Ouvrages sur les arts. — Impressions sur papier de Chine, etc.

PARIS
HENAUX, LIBRAIRE
19, quai Voltaire, 19

1887

CATALOGUE
DE LIVRES
ANCIENS & MODERNES
Provenant de M. de F.....

Dont la vente aura lieu le LUNDI 28 NOVEMBRE 1887

Rue des Bons-Enfants*, 28, *Salle n° I

A 8 heures précises du soir

Par le ministère de Me G. BOULLAND, Commissaire-Priseur

RUE DES PETITS-CHAMPS, 26

Assisté de M. HÉNAUX, Libraire, 19, quai Voltaire

Journal la Silhouette. — Audsley, céramique japonaise, in-folio. — Éditions Jouaust, avec eaux-fortes.— Éditions Mame, sur papier de Hollande. — De Goncourt, l'art au XVIIIe siècle. — Anciens catalogues de tableaux et objets d'art. — Molière, figures de Leloir. — Thiers, Révolution française, édition originale avec envoi autographe. — Bulletin du Tribunal Révolutionnaire, in-4. — Ouvrages sur les arts. — Impressions sur papier de Chine, etc.

PARIS

HENAUX, LIBRAIRE

19, quai Voltaire, 19

1887

CONDITIONS DE LA VENTE

La vente sera faite au comptant.

Les acquéreurs payeront cinq pour cent en sus des adjudications.

Les livres sont vendus complets et en bon état, sauf indication contraire; ils doivent être collationnés sur place dans les vingt-quatre heures de l'adjudication; passé ce délai, ils ne sont repris pour aucune cause.

M. HÉNAUX, chargé de la vente, remplira les commissions des personnes qui ne pourraient y assister.

CATALOGUE
DE LIVRES
ANCIENS & MODERNES
Provenant de M. de F.....

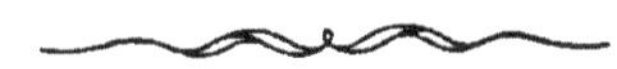

1. **About** (E.). Rome contemporaine. Madelon. Le Progrès. *Paris, Hachette et Hetzel*, 1861-1864, 3 vol. in-8, br.

2. **Album** du Salon de 1840. Collection des principaux ouvrages exposés au Louvre, reproduits par les peintres eux-mêmes ou sous leur direction. Texte par J. Robert. *Paris, Challamel*, 1840. In-4, d.-rel. n. r, avec 41 pl.

3. **Apulée**. L'âne d'or. Trad. de Savalète, préf. de J. Andrieux. *Paris, Didot*, 1872. Gr. in-8, d.-rel., ébarbé, nombr. illustrations.

4. **Asselineau** (Ch.). Bibliographie romantique. 3e édit. augm. *Paris*, 1874. 2 vol. in-8, cart. toile, n. r. Portr. et eaux-fortes.

5. **Audsley** et **Bowes**. La Céramique japonaise. Édit. franc., publiée sous la direction de M. Racinet. *Paris*, 1877. 7 livr. in-f°.

   Bel ouvrage renfermant 51 planches, la plupart en chromolithog.

6. **Aventures** du baron de Munchhausen. Trad. nouvelle, par Th. Gautier fils. Illust. par Gust. Doré. *Paris, Furne et Cie, S. D.* In-4, cart., n. r.

7. **Béranger** (P. J. de). Chansons morales et autres. *Paris, A. Eymery*, 1816. In-18, br., avec couverture.

   Edition originale.

8. **Bernardin de Saint-Pierre.** Paul et Virginie, *Paris, Curmer*, 1838. Gr. in-8, d. rel., fig.

   Impression de la rue Sainte-Anne.

9. **Bibliothèque Charpentier.** Chefs-d'œuvre des conteurs français après La Fontaine. XVIIIe siècle. Introd. par Ch. Louandre, 1874. — Poésies choisies de P. de Ronsard, publ. avec notes, index, etc. par B. de Fouquières, 1873. 1 vol. Ens. 2 vol. in-12, br.

Exemplaires sur papier de Hollande.

10. **Bibliothèque** latine-française, publiée par Panckoucke. 2e série. *Paris, Panckouke*. 33 vol. in-8, br.

11. **Blaze** (Elzear). Le Chasseur au chien d'arrêt. *Paris*, 1836, 1 vol. — Id. Le Chasseur au chien courant. *Paris*, 1838, 2 vol. Ens. 3 vol. In-8, d.-rel., n. r., fig.

12. **Boccace** (les dix journées de). Trad. de Le Maçon, avec not. et gloss. par P. Lacroix. *Paris, Jouaust*, 1873, 10 fasc. In-16, br. Eaux-fortes de Flameng.

13. **Boileau**. Œuvres poétiques. Notice par Poujoulat. *Tours, Mame*, 1870. Gr. in-8 br. Eaux-fortes de Foulquier.

Exemplaire sur papier de Hollande.

14. **Bonnassies** (J.). La Comédie française. Histoire administrative. 1658-1757. *Paris, Didier*, 1874. In-12 br. Ex. sur pap. de Hollande.

15. **Bossuet**. Discours sur l'Histoire universelle. Préf. de M. Poujoulat. — Id. Les Oraisons funèbres. *Tours, Mame*, 1869-1870, 2 vol. gr. in-8 br. Eaux-fortes de Foulquier.

Exemplaires sur papier de Hollande.

16. **Bouilly**. Conseils à ma fille. 6e édit. *Paris, L. Janet, S. D.* 2 vol. in-12, v. violet. dent. fers à froid, tr. dor.

Figures de Chasselat avant la lettre.

17. **Brantôme**. Œuvres complètes. *Paris, Foucault*, 1823. 8 vol. in-8 br.

18. **Brillat-Savarin**. Physiologie du goût, avec préf. de Ch. Monselet. *Paris, Jouaust*, 1879. 2 vol. in-16 br. avec 52 eaux-fortes de Lalauze.

19. **Catalogue** d'une riche collection de tableaux, dessins, bronzes, marbres, terre-cuite du Quesnoi, pierres gravées, pendules, etc., qui composent le cabinet de feu S. A. S. Mgr le Pr. de Conti. *Paris*, 1777. In-8, v. f. fil. tr. dor., front. de Moreau.

Prix de vente et noms d'acquéreurs.

20. **Catalogue** des vases, colonnes, tables de marbres rares, figures de bronze, porcelaine de choix, laques, meubles précieux, pendules, lustres, etc., qui composent le cab. de feu M. le duc d'Aumont, par Julliot et Paillet. *Paris*, 1782. In-8, v. f. fil. tr. dor. avec 26 pl. (avec les prix).

21. **Catalogue** de tableaux à l'huile, à gouache, et au pastel; peintures de la Chine; desseins précieux et estampes; boetes de la Chine, livres, etc. de feu M. Huquier, graveur, dont la vente se fera le 9 novembre 1772, par Joullain fils. *Paris*, 1772. In-12, v. f. fil., tr. dor.

Exemplaire réglé, avec les prix de vente.

22. **Catalogue** de tableaux, dessins montés et en feuilles, pastels, émail de Petitot, estampes, etc., le tout provenant du cabinet de feu M. Watelet, par A. J. Paillet. *Paris*, 1786. — Catalogue de Tableaux précieux, composant le cabinet de feu M. Clos, par H. Delaroche. 1812. 1 vol. in-8, v. f., tr. dor.

Portrait de Watelet. Prix de vente et noms des acquéreurs.

23. **Catalogue** raisonné de tableaux, sculptures tant de marbre que de bronze, desseins et estampes des plus grands maîtres, porcelaines anciennes, meubles précieux, etc. qui composent le cabinet de feu M. le duc de Tallard, par les sieurs Helle et Glomy. *Paris*, 1756. In-12, v. f. fil. tr. dor.

Avec 1 fig. et une jolie eau-forte de Beaudouin, gravée par Huquier.

24. **Catalogue** raisonné de tableaux, dessins et estampes des plus grands maîtres, qui composent le cabinet de feu M. Potier, par les sieurs Helle et Glomy. *Paris*, 1757. In-12, v. f. fil. (avec Prix).

25. **Catalogue** raisonné des bijoux, porcelaines, bronzes, lacqs, lustres de cristal de roche, pendules, meubles, desseins, estampes, provenant de la succession de M. Angran, vicomte de Fonspertuis, par Gersaint. *Paris*, 1747. In-12, v. f., tr. dor.

Eau-forte de Cochin.

26. **Catalogue** raisonné d'un choix précieux de dessins et d'une nombreuse collection d'estampes, livres et autres objets curieux qui composent le cabinet de feu P. F. Basan, par L. F. Regnault. *Paris*, an V, v. éc. fil. tr. dor.

Avec portrait et frontispice de Choffard. Exemplaire interfolié de papier blanc, où se trouvent indiqués les prix de vente et les noms des acquéreurs.

27. **Catalogue** de dessins anciens et modernes, aquarelles et miniatures formant la collection de feu M. Mahérault. Œuvres de Moreau le jeune, Fragonard, Prud'hon, etc. *Paris*, 1880. In-8, br., eaux-fortes.

Prix de vente ajoutés.

28. **Catalogue** de livres composant la bibliothèque poétique de M. Viollet-le-Duc, avec des notes bibliographiques, biographiques et littéraires. *Paris*, 1843. In-8, br.

29. **Catalogue** raisonné des tableaux, desseins et estampes, et autres effets curieux, après le décès de M. de Jullienne, par P. Remy. — Catalogue raisonné de porcelaines... riches meubles de boule, de M. de Jullienne, par Julliot. *Paris*, 1777. In-12. d.-rel., eau-forte. Prix de vente.

30. **Cent Nouvelles** nouvelles, publiées par P. Lacroix. *Paris, Jouaust*. 10 fasc. in-16, br. Eaux-fortes de Lalauze.

31. **Cérémonies** des gages de bataille, selon les constitutions du bon roi Philippe de France, publiées d'après le manuscrit de la bibliothèque du Roi. *Paris, Crapelet*, 1830, gr. in-8, cart. n. r.

Exemplaire avec les onze figures en double état, noires et en couleur.

32. **Champfleury.** Histoire de la Caricature antique, — de la Caricature au moyen-âge, — de la Caricature moderne, — de l'Imagerie populaire, — Faïences patriotiques. — L'Hôtel des Commissaires-Priseurs. *Paris, Dentu*, 1867-1872. 6 vol. in-12, br., fig.

33. **Chansons** populaires de la France, accompagnées de notes historiques et littéraires, par Dumersan et N. Ségur. *Paris, G. de Gonet, S. D.* 3 vol. gr. in-8, d.-rel. chagr., n. r., dor. en tête, fig. sur acier.

34. **Chastillon, Boisseau et Ciartres.** Recueil de 78 Vues de France, — Vues de l'abbaye de Port-Royal-des-Champs, etc. In-4 obl. cart.

Représentant : Chasteav de la Bastille. — Chasteau de Ville-Preux. — l'Hospital de St-Lovys. — l'Hostel du Maine. — Chasteav royal de Sainct-Germain. — l'Hostel d'Angoulesme. — Chasteav de Rosny — Anet — Limovs — Mevdon. — Corbeil — La Roche-Gvion — Espernon — Chevereuse — Compienne. — Abbaye de Mavlbvisson — Lagny — Pontoize — Moret — Vernon. Montereav — Montfort-Lamory — Chasteau de Vavliour — Rvisnes de Clvny, à Paris — Le Temple, à Paris — Anyzy au pais de Laonnois — Chaviny. etc.

35. **Chesneau** (Ern.) le statuaire J.-B. Carpeaux, sa vie et son œuvre. *Paris, Quantin*, 1880. In-8 br., nombr. fig.

36. **Chevigné** (Comte de). Les Contes rémois. *Paris, Jouaust*, 1877. In-12 br., in-16 br., eaux-fortes de Rajon.

Exemplaire sur papier de Chine. Légères taches d'eau à quelques feuillets.

37. **Chevigné** (Comte de). La Politique de résistance à Rome et l'Armée pontificale en 1867. *Janvier* 1868, gr. in-8.

Brochure fort rare, avec envoi autogr. à M. L. Veuillot, et deux lettres de l'auteur ajoutées, concernant cette publication.

38. **Clément** (Ch.). Prud'hon, sa vie, ses œuvres, sa correspondance. *Paris, Didier*, 1872. Gr. in-8 br., av. 30 fig.

39. **Clément** (Ch.). Géricault. Etude biographique et critique, avec le catalogue raisonné de l'œuvre du maître. *Paris, Didier*, 1868. In-4 br.

40. **Collection** du bibliophile français. *Paris, Bachelin-Deflorenne*, 1864-1869, 12 vol. in-18, br., eaux-fortes de Staal.

41. **Collection Hetzel**. Philosophie de la vie conjugale, par H. de Balzac, commentée par Gavarni, 1846. — Monsieur le Vent et Madame la Pluie, par P. de Musset, vign. par G. Seguin, 1846. — Nouvelles et simples véritables aventures de Tom-Pouce, imitées de l'anglais par Stahl. Vign. par Bertall, 1844.— Aventures merveilleuses et touchantes du Pr. Chenevis..., par L. Gozlan. Vign. par Bertall, 1846. Ens. 4 vol. petit in-8, br.

Exemplaires sur papier de Chine.

42. **Collection Jouaust**. Petite bibliothèque artistique, 5 vol. in-16, pap. de Hollande, br., avec eaux-fortes.

Chateaubriand. Atala et René. Dessins d'E. Lévy. — B. de Saint-Pierre, Paul et Virginie. Dessins d'E. Lévy. — X. de Maistre, Voyages autour de ma chambre. Eaux-fortes de Hédouin. — Daphnis et Chloé, dessins d'E. Lévy. — La Fontaine, Psyché. Dessins d'E. Lévy.

43. **Collection Jouaust**. Les Conteurs français, 1874-1879, 6 vol. in-8, br.

Contes et Discours d'Eutrapel, 2 vol. — Nouvelles Récréations de B. des Périers, 2 vol.— Matinées et Après-Disnées, de Cholières, 2 vol.

44. **Collection Jouaust**. Cabinet du bibliophile. Pièces rares ou inédites, 1869-1878, 9 vol. in-16, br.

La Chronique de Gargantua, 2 vol. — La Puce de Mme Desroches. — D'Aubigné, l'Enfer. — Elégies de J. Doublet. — Maximes de Mme de Sablé, etc.

45. **Delacroix** (Eugène). Sa vie et ses œuvres. *Impr. de J. Claye*, 1865, in-8, br.

Non mis dans le commerce.

46. **Delvau**. Histoire anecdotique des cafés et cabarets de Paris, avec dessins et eaux-fortes de Courbet, Flameng, Rops.. *Paris, Dentu*. 1862, in-12, br.

47. **Description** sommaire des desseins des grands maistres d'Italie, des Pays-Bas et de France, du cabinet de feu M. Crozat, avec des réflexions sur la manière de dessiner des principaux peintres, par Mariette. *Paris*, 1741, in-8, v. m.

48. **Desnoiresterres** (G.) Les Cours galantes. *Paris, Dentu*, 1864, 4 vol, in-12, br.

49. **Discours** de réception de M. Cuvillier-Fleury. Réponse de M. Nisard. *Paris, Didier*, 1867, in-8, br.

Envoi autogr. : *A mon bon ami Théophile, l'auteur de la réponse. D. Nisard.*

50. **Dumas** (ALEXANDRE). Le Comte de Monte-Cristo. *Paris*, 1846, 2 vol. gr. in-8, cart. ébarbés.

Illust. du portrait de l'auteur, d'après E. Giraud et des figures de Gavarni.

51. **Dumas** (A.) fils. La Dame aux Camélias. Préface par J. Janin. *Paris, Michel Lévy*, in-8, pap. de Hollande, br.

Edition tirée à petit nombre. Envoi de M. Claye, l'imprimeur.

52. **Dutuit** (Souvenir de l'exposition de M.) Extrait de sa collection. *Paris*, 1869, in-4, br., 33 pl. noires et en couleur.

53. **Eaux-fortes** de Antoine Van Dyck, reproduites et publiées par Amand-Durand, texte par G. Duplessis. *Paris, Goupil*, in-f°, cart., n. r.

54. **Ephrussi**. Notes biographiques sur Jacopo de Barbari, dit le Maître au Caducée. *Paris, Jouaust*, 1876, in-4, br., 7 fig.

55. **Erasme**. Les Colloques. Trad. par V. Develay. *Paris, Jouaust*, 1875, 3 vol. in-8, br. Portr. et 52 vign. à l'eau forte, par J. Chauvet.

56. **Fertiault**. Les Amoureux du Livre. Préface du bibl. Jacob. *Paris, A. Claudin*, 1877, in-8, br., avec 16 eaux-fortes de Chevrier.

57. **Flaubert** (GUST.) Madame Bovary, mœurs de province. *Paris*, 1857, 2 vol. in-12, d.-rel. chagr. 1re édit.

58. **Flaubert** (GUST.) Salambô. *Paris, Michel Lévy*, 1863, 1 vol. — L'Education sentimentale, 1870, 2 vol. Ens. 3 vol. in-8, br. Edit. orig.

59. **Fournier** (EDOUARD). Notice sur Dulaure. — Un Prétendant portugais au XVIe siècle. *Paris*, 1850. — Essai historique sur l'orthographe, 1849, 3 vol. in-12 et in-8, d.-rel. et cart. (rares).

60. **Fournier** (E.) Recueil de divers ouvrages, 17 vol. in-18 et in 8, br. et rel. (Ce n° sera divisé).

L'Esprit dans l'histoire, 1879. — L'Esprit des autres, 1879. — Histoire du Pont-Neuf, 2 vol. 1862. — Le Vieux Neuf, 1877, 2 vol. — La Comédie de J. de la Bruyère, 1866, 2 vol. — Paris démoli, 1883. — Études sur Molière, 1883. — Le Roman de Molière, 1863. — Le Paradis trouvé, comédie, 1862. — Deux lettres inédites de Corneille, 1865. — Corneille à la butte Saint-Roch, 1863. — La Fille de Molière, comédie, 1863. — Catalogue des Livres et Autographes de feu M. E. Fournier. Figures ajoutées, etc.

61. **Gavarni**. L'Homme et l'Œuvre. *Paris, Charpentier*, 1879. — Gavarni. Masques et Visages, 1860. — Gavarni. Etude, par G. Duplessis, 1876. 3 vol. et broch.

62. **Gazette** des Beaux-Arts. Année 1859. 4 vol. gr. in-8, d. rel. chagr., fig.

63. **Girardin** (Emile de). Le Supplice d'une femme, drame en trois actes. *Paris, Michel-Lévy*, 1865. In-8, br. 1re *édit.* — Réponse à M. Em. de Girardin, par A. Dumas, fils, 1865. In-8, br.

64. **Goncourt** (E. et J. de). L'Art du dix-huitième siècle. *Paris, Dentu*, 1864-1870. 5 livr. in-4, br., av. eaux-fortes.

Renf. Chardin. — Debucourt. — La Tour. — Gravelot. — Cochin. — Eisen.

65. **Goncourt** (E. et J. de). Catalogue raisonné de l'œuvre, peint, dessiné et gravé d'Ant. Wateau, *Paris*, 1875. In-8, br., fig.

66. **Goncourt** (E. et J. de). Les Maîtresses de Louis XV. Lettres et documents inédits. *Paris*, 1860. 2 vol. — Histoire de Marie-Antoinette. 1859. 1 vol. Ens. 3 vol. in-8, br.

67. **Goncourt** (E. et J. de). Histoire de la Société française pendant la Révolution. 1854. 1 vol. — Histoire de la Société française pendant le Directoire. 1 vol. Ens. 2 vol. in-8, br.

68. **Goncourt** (E. et J. de). Portraits intimes du xviiie siècle. *Paris*, 1858. — Sophie Arnould d'après sa corr. et ses mémoires inédits. *Paris, Poulet-Malassis*, 1859. 2 vol. in-12, br.

Le vol. sur S. Arnould est avec l'appendice, lequel renferme de curieux détails.

69. **Goncourt** (E. et J. de). L'Amour au dix-huitième siècle. *Paris, Dentu*, 1875. In-12, br., eau-forte et encadr. sur bois.

70. **Gonse** (L.). L'œuvre de J. Jacquemart. *Paris, Gaz. des B.-Arts*. 1876. Gr. in-8 br., eaux-fortes et figures sur bois.

Exemplaire sur papier de Hollande.

71. **Gourdault.** L'Italie, description de toute la péninsule. *Paris, Hachette*. 1 vol. pet. in-f°, en livr., 450 fig. sur bois.

72. **Gourdault.** La Suisse. Etudes et voyages à travers les 22 cantons. 2 vol., pet. in-f°, en livr., 825 grav. sur bois.

73. **Guéranger** (Dom.). Sainte-Cécile et la Société romaine aux deux premiers siècles. *Paris, Didot*, 1874. Gr. in-8 br.

1re édit. illust. de 250 fig. sur bois.

74. **Henriet** (F.). Le Paysagiste aux champs. *Paris A. Lévy*, 1876, gr. in-8 br., nombr. fig. à l'eau forte.

75. **Henriet** (F.). Daubigny et son œuvre gravé. *Paris, A. Lévy*, 1875, gr. in-8 br.

Eaux-fortes de C. et K. Daubigny.

76. **Heptameron** de la reine de Navarre. Notice et notes par P. Lacroix. *Paris, Librairie des bibliophiles*, 8 vol. in-16, br., eaux-fortes de Flameng.

77. **Historique** de l'Imprimerie et de la Librairie centrales des chemins de fer. Organisation industrielle et économique de cet établissement. *Paris, Impr. Chaix*, 1878, Gr. in-8 br., renf. dans un étui. Portrait et figures.

Impression de luxe non mise dans le commerce et tirée à petit nombre

78. **Homère.** Iliade. Trad. nouv. par Lecomte de Lisle. *Paris, A. Lemerre*, 1867, in-8, br.

79. **Horace.** Trad. en vers par le comte Siméon. *Paris, librairie des bibliophiles*, 1873, 3 vol. in-8 br., avec 172 eaux-fortes de Chauvet.

80. **Hugo** (Victor). Notre-Dame de Paris. *Paris, Perrotin*, gr. in-8, chagr. tr. dor.

Nombreuses figures de Meissonnier, T. Johannot, Daubigny, Roqueplan, etc.

81. **Impressions** d'une chaise. Récit recueilli par Sarah Bernard. Illust. par Clairin. *Paris, Charpentier*, in-4, br., fig.

82. **Itinéraire** des invités aux fêtes d'inauguration du canal de Suez. Publié par ordre de S. A. le khédive. *Paris, Franck*, 1869. In-12 cart. (rare).

Envoi autographe de Mariette.

83. **Imitation** de Jésus-Christ, avec préface de Caro, de l'Acad. franç. *Paris, Jouaust*. Gr. in-8 br. Eaux-fortes d'après les dessins de H. Lévy.

84. **Jannet** (nouvelle collection). *Paris, Picard*, 1868. 7 vol. in-12, cart. toile, renf. dans des étuis.

Ex. sur pap. de Holl. renfermant : Clément Marot. — La Fontaine, fables. — Malherbe.

85. **La Bruyère**. Les Caractères. *Tours, Mame*, 1867. Gr. in-8 br., av. 18 eaux-fortes de Foulquier.

86. **La Critique** du Tartufe, comédie (par le Boulanger de Chalussay). *A Paris, chez G. Quinet*, 1670. Pet. in-12, d.-rel. 52 pages.

87. **La Fontaine** (Fables de). Publ. avec notes et glossaire par Jouaust, préc. d'une introd. par Saint-René Taillandier. *Paris, Jouaust*. 2 vol., gr. in-8, br.

Belle édition avec 1 portrait de La Fontaine par Flameng et 12 fig. d'après Bodmer, Brown, Daubigny, Detaille, Gérome, Leloir, etc.

88. **Lalanne** (Maurice). Traité de la gravure à l'eau forte. *Paris, Cadart*, 1866, in-8 br., avec eaux-fortes.

89. **La Silhouette.** Journal des caricatures, beaux-arts, dessins, mœurs, théâtres, etc. 2e vol. *Paris*, 1830, in-4 d.-rel.

Grand nombre de figures noires et coloriées. La planche 28 a une déchirure.

90. **La Vie** et l'œuvre de Chintreuil, par A. de la Fizelière, Champfleury, F. Henriet. *Paris, Cadart,* 1874, in-4 br.

Nombreuses eaux-fortes par Martial, Beuverie, Lalauze, etc.

91. **Le Diable à quatre**, par de Villemessant, Alphonse Duchesne, Edouard Lockroy et Méphistophélès. Octobre 1868 à février 1870, n. 1 à 70, 5 vol. — Le Lorgnon, par Aurélien Scholl. Oct. à Déc., 1869, 1 vol. — La Cloche, par Ferragus. Août 1868 à novembre 1869, 4 vol. Ens. 10 vol. pet. in-12 br.

Collections difficiles à rencontrer complètes.

92. **Le Livre** des Sonnets. Dix dizaines de sonnets choisis. *Paris, A. Lemerre,* 1874, petit in-8., br.

93. **Le Parnassiculet** contemporain. Recueil de vers nouveaux précédé de l'Hôtel du Dragon-Bleu et orné d'une étrange eau-forte. *Paris, Julien Lemer,* 1872, petit in-8, d.-rel. n. r.

Rédigé par A. Delvau, Jean du Boys, A. Daudet, Paul Arène, etc.

94. **Les Femmes blondes** selon les peintres de l'Ecole de Venise, par deux Vénitiens. *Paris, A. Aubry,* 1865, in-8, d.-rel. v. n. r. (rare).

95. **Les Gravures** françaises du XVIIIe siècle, ou Catalogue raisonné des estampes, eaux-fortes, pièces en couleur, etc., de 1700 à 1800, par Emm. Bocher. *Paris, Jouaust,* 1875, fasc. 1 à 4, in-4, br.

Lancret, Baudouin, Lavreince, Chardin.

96. **Lescure** (DE). Marie Stuart. Dix compositions de Carolus Duran, gravées par Bracquemond et Rajon. *Paris, Ducrocq,* gr. in-8, br.

97. **Lescure** (DE). Henri IV, 1553-1610. Dix gravures sur acier d'après les maîtres, par L. Flameng. *Paris, Ducrocq,* 1864, gr. in-8, br.

98. **Les Marguerites** de la marguerite des princesses. Texte de l'édition de 1547. Publié avec introduction, notes et glossaire, par Frank. *Paris, Jouaust,* 1873, 4 vol. in-16, br.

99. **Les Miettes** d'Esope, fables par Aug. Roussel. Dessins de Gavarni. *Paris, Furne et Cie,* 1866, in-8, br.

100. **Les Songes** drolatiques de Pantagruel. Ouvrage posthume avec l'explication en regard. *Paris, Dalibon*, 1823, gr. in-8, d.-rel. mar. n. r.

Nombreuses figures. Exemplaire sur grand papier vélin.

101. **Les Songes** drolatiques de Pantagruel. Reproduction fac-simile du texte et des 120 planches de l'édit. orig. *Genève, Gay*, 1868, in-8, pap. de Holl. d.-rel. chagr. n. r.

102. **L'Heptaméron** des nouvelles de très illustre princesse Marguerite d'Angoulême, reine de Navarre. Publ. sur les man. par les soins et avec les notes de MM. Leroux de Lincy et A. de Montaiglon. *Paris, Eudes*, 1880. 8 vol. in-8, br.

Avec la suite des figures de Freudeberg en double état.

103. **Marie Colombier.** Les Mémoires de Sarah Barnum avec préf. de P. Bonnetain. *Paris, S. D.* In-12, d.-rel. chagr.

Lettre de Marie Colombier ajoutée.

104. **Mémoires** de la princesse Caroline. Tr. de l'anglais sur la 4e édit. *Paris*, 1813. 2 vol. in 8°, d.-rel., v. f. n. r.

Exempl. sur papier vélin avec le portrait avant la lettre provenant de la bibl. du comte de la Bédoyère.

105. **Mérinos** (Eug. Mouton). Nouvelles et fantaisies humoristiques. *Libr. génér.*, 1872-1876. — Voyages et aventures du capitaine Marius Cougourdan, 1879. Ens, 3 vol. gr. in-12 br.

106. **Michelet** (J.). L'insecte. *Paris, Hachette*, 1876, gr. in-8, br. 140 vign. de Giacomelli.

107. **Molière** (Théâtre de). Préf. de Nisard. *Paris, Jouaust.* 8 vol. gr. in-8, pap. de Hollande, br. Eaux-fortes de Flameng d'après les dessins de Leloir.

108. **Molière** (Reproduction fac-similé des édit. origin. de) faite par les soins de L. Lacour. *Paris, Jouaust*, 17 vol. in-18, br.

109. **Molière** (Pièces et documents sur). 20 vol. in-8 et in-12, br. et rel.

La vie de M. de Molière, 1705. — Taschereau, Vie de Molière, 1835. — R. Fage, Molière et les Limousins, 1883. — Rév. du Mesnil, La Famille de Molière, 1875. — Campardon, Doc. inéd. sur Molière, 1871. — Bazin, Notes sur la vie de Molière, 1851. — P.-L. Jacob, Pièces attrib. à Molière, 1869. — Moland. Molière et la com. italienne, 1867, et autres par Claretie, d'Epagny, Edouard Thierry, Louis Lacour, etc.

110. **Monnier** (Henry). Scènes populaires dessinées à la plume. *Paris, Dentu*, 1879. 2 vol. in-8, br., fig.

111. **Monnier** (Henri). Album de 40 planches. *Lithogr. de Delpech, S. D.* in-4, cart. toile.

Renfermant : Les petites Félicités humaines. Les petites Misères humaines. Jadis et aujourd'hui. Les Grisettes.

112. **Monselet** (Charles). Figurines parisiennes. *Paris, J. Dagneau,* 1854. Le Musée secret de Paris. *Paris, Michel-Lévy,* 1855. Ens. 2 vol. in-18, br.

Rare. L'on y a ajouté une page manuscrite de la main de l'auteur.

113. **Monselet** (Charles). Statues et Statuettes contemporaines. *Paris, Giraud et Dagneau,* 1852, In-12, br.

114. **Monselet** (Charles). Rétif de la Bretonne, sa vie et ses amours. *Paris, A. Aubry,* 1858, in-12. Portr. (Pièce autogr. ajoutée.)

115. **Monselet** (Charles). Les Tréteaux. *Paris, Poulet-Malassis,* 1859, In-12, d.-rel., eau-forte de Bracquemond.

116. **Monselet** (Charles). Théâtre du Figaro. *Paris, F. Sartorius,* 1861, in-12. d.-rel., eau-forte de Voillemot.

117. **Monselet** (Charles). Portraits après décès. *Paris, Faure,* 1866.— Le Plaisir et l'Amour. *Sartorius,* 1865.— Les Femmes qui font des scènes. *Michel-Lévy,* 1865. — Chanvallon. Histoire d'un Souffleur de la Comédie-Française. *Sartorius,* 1872. Ens. 4 vol. in-12, br.

118. **Monselet** (Charles). Lettres gourmandes, 1877. Gastronomie. Récits de table, 1874. Almanach des Gourmands, pour 1863 et 1869. Ens. 4 vol. in-12 et in-18., figures.

119. **Monselet** (Charles). Les Mois gastronomiques. Compositions de Edmond Morin, avec douze rondeaux de Charles Monselet. *Paris, S. D,* in-f. cart. toile, avec 12 fig.

120. **Moreau** (Ad.). Delacroix et son œuvre. *Libr. des bibl.,* 1873, gr. in-8 br., avec grav. et fac-simile.

Tiré à 200 exemplaires.

121. **Müntz** (Eug.). Les Artistes célèbres. Donatello. *Paris, Rouam,* Gr. in-8, br., fig.

122. **Paris** historique. Promenade dans les rues de Paris, par MM. Ch. Nodier, A. Regnier et Champin. *Paris,* 1838. 3 vol. in-8, demi-rel.

Illustré de 200 fig. sur chine.

123. **Paul de Saint-Victor**. Les deux Masques. 2e Série. Les Modernes. Gr. in-8 br.

Exemplaire sur papier de Hollande.

124. **Peignot**. Dictionnaire des principaux livres condamnés au feu, supprimés ou censurés. *Paris, Renouard,* 1806, 2 vol. in-8, d.-rel. v. f. n. r. (Bel exempl.).

125. **Perrault** (Ch.). Les Contes des Fées, en prose et en vers. 2e Edit., précédée d'une lettre critique, par Ch. Giraud, de l'Institut. *Lyon, L. Perrin,* 1865, in-8, pap. de Hollande, br. Portrait avant la lettre.

126. **Perrault** (Contes de). *Paris, Jouaust,* 1876. 2 vol. in-16 br., eaux-fortes de Lalauze.

127. **Petite Revue** (La), par les rédacteurs de l'ancienne Revue anecdotique. *Paris, Pincebourde.* 1re année, 1863 à 1870. 14 vol. in-12, d.-rel. v. f.

128. **Physiologies** du Bas-Bleu, du Théâtre, du Musicien, du Vin de Champagne, de Robert-Macaire, etc., 1841, 1842. 10 vol. in-18, br., fig. de Gavarni et Daumier.

129. **Pièces de Théâtre** en éditions originales, in-12, br. Emile Augier. — Diane, drame en 5 actes et en vers, 1852. — Dumas fils. — Le Fils naturel, 1858. Le Père prodigue, 1859. La Question d'argent, 1857. Mario Uchard, la Fiammina, 1857. — Barrière. — Les Faux Bonshommes, 1856 (Lettre autogr. de Barrière ajoutée).

130. **Plutarque**. Vies des Hommes illustres, trad. du grec et acc. de notes par D. Ricard. *Paris, Brière,* 1837, gr. in-8, v. rouge, dent. fers à froid.

131. **Poisle-Desgranges.** Le Roman à l'eau forte en 12 chap. inéd. Illustré par A. Taie. *Paris,* 1874, in-8 br., avec 13 eaux-fortes.

132. **Prévost** (l'abbé). Histoire de Manon Lescaut et du chevalier Des Grieux. *Paris, E. Bourdin, S. D,* gr. in-8 br., fig.

Exemplaire en feuilles.

133. **Rabelais** (Œuvres de), préc. d'une notice par P. L. Jacob. *Paris, Bry,* 1854, gr. in-8, br.

Première édition, avec les illustrations de G. Doré.

134. **Rabelais**. Œuvres, publiées en cinq livres par P. Chéron. *Paris, Jouaust,* 1877. 5 vol. in-16, br. Eaux-fortes de Boilvin.

135. **Rabelais** (Œuvres de Maistre François). *Paris, A. Lemerre,* 1868-1873. 3 vol. pet. in-8, br.

136. **Racine**. Œuvres complètes, revues avec soin sur toutes les éditions, avec notes, etc., par Auguis. *Paris, Fortic,* 1826, gr. in-8, pap. vél. d. rel. mar. n. r. Portrait.

137. **Romans** et divers ouvrages de A. de Musset, Th. Gautier, Lurine, A. Scholl, Ch. de Bernard. Oct. Feuillet, Gozlan, Merimée, Heine, Stendhal, Nadar, etc. Env. 100 vol. in-12, d.-rel. chagr. en belle condition (ce lot sera divisé).

138. **Rousseau** (J.-J.). Emile ou de l'Éducation. *Londres (Cazin)* 1781. 3 tom. en 1 vol. pet. in-8, mar., br. tr., dor., fig. de Moreau.

Exemplaire en grand papier.

139. **Salon** de 1885, par H. Havard. *Librairie d'art, Baschet.* 12 livr. in-4°, renf. env. 100 pl.

140. **Sardou** (V.). Rabagas, comédie. *Paris,* 1872. La Haine 1875. Ens. 2 vol. in-8 br.

Édit. orig. Lettres de l'auteur ajoutées.

141. **Savigny de Moncorps** (Vte de). Journal d'un voyage en Orient, 1869-1870. Égypte, Syrie, Constantinople. Illus. par Riou et A. de Neuville. *Paris, Hachette,* 1873, in-8 br.

142. **Sévigné** (Mme de). Lettres choisies. Notice par Poujoulat. *Tours, Mame,* 1871, avec 18 eaux-fortes de Foulquier.

143. **Silvestre** (Théophile). Histoire des artistes vivants, études d'après nature. *Paris, Blanchard, S. D.,* gr. in-8, br., avec 15 portr. gravés par Masson.

144. **Société d'aquarellistes** français. Catalogue des 1re et 3e Expositions. *Paris, Jouaust,* 1879, 2 liv. gr. in-8, br., fig.

145. **Swift**. Les Voyages de Gulliver, précédés d'une notice. *Paris, Jouaust,* 1875, 4 fasc. in 16, br., eaux-fortes de Lalauze.

146. **Thiers et Bodin**. Histoire de la Révolution française. *Paris, Lecointe et Durey,* 1823, 10 vol. in-8, br., carte.

Edition originale avec le carton au tome 8.
Envoi autographe de l'auteur à son oncle Honorat.

147. **Tribunal révolutionnaire** (bulletin du). 25 août 1792 au 6 septembre 1793, n°s 1 à 155, in-4, cart.

148. **Vecellio**. Costumes anciens et modernes. Précédés d'un essai sur la gravure sur bois, par M. A.-F. Didot. *Paris, Didot,* 1860, 2 vol. in-8, br.

Exemplaire sur papier de Chine.

149. **Veuillot** (L.) Jésus-Christ, avec une étude sur l'Art chrétien, par E. Cartier. *Paris, Didot,* 1875, gr. in-8, br.

1re édit. illus. de 180 fig. et 16 chromolithographies.

150. **Vidocq,** ex-chef de la sûreté. Les Voleurs, physiologie de leurs mœurs et de leur langage. *Paris,* 1837, 2 tomes en 1 vol. in-8, pap. vélin, d.-rel. mar. n. r. Portrait.

151. **Vitu** (Aug.) La Maison mortuaire de Molière, d'après des documents inédits, avec plans et dessins, *Paris, A. Lemerre*, 1880, pet. in-8, d.-rel. dos et coins de mar. n. r. dor. en tête.

152. **Voltaire** (romans de). *Librairie des bibliophiles*, 1878, 5 fasc. in-16, br., avec eaux-fortes.

153. **Wallon** (H.) Jeanne d'Arc. Edition illustrée d'après les monuments de l'art depuis le xve siècle jusqu'à nos jours. *Paris, Didot*, 1876, gr. in-8, br. (1re édit.)

154. **Yriarte** (Ch.) Florence. L'Histoire. — Les Médicis. — Les Lettres. — Les Arts. Orné de 500 grav. *Paris, Rothschild*, 1881, petit in-f^o, en carton.

155. **Zola**. Madeleine Férat, 1869. — Pot-Bouille, 1882. — Le Naturalisme au théâtre, 1881. — L'Assommoir, 1877. — Thérèse Raquin, drame, 1873. Ensemble 5 vol. in-12, br. et rel. Edit. orig.

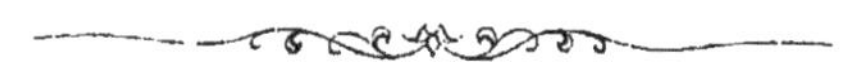

EN PRÉPARATION :

Catalogue de la Bibliothèque de feu M. Antony Méray, homme de lettres.

12379 — *Caen — Typographie-Lithographie E. VALIN, 5. rue au Canu*

www.ingramcontent.com/pod-product-compliance
Ingram Content Group UK Ltd.
Pitfield, Milton Keynes, MK11 3LW, UK
UKHW020542180726
13839UKWH00006B/2681

9 782329 614373